Pequeños EXPERTOS EN ecología

Formas de reutilizar basura

Reutilizar basura

Como ser guardianes del planeta

PowerKiDS press.

Published in 2023 by PowerKids, an Imprint of Rosen Publishing
29 East 21st Street, New York, NY 10010

Cataloging-in-Publication Data
Names: Editorial Sol 90 (Firm).
Title: Formas de reutilizar basura / by the editors at Sol90.
Description: New York : Powerkids Press, 2023. | Series: Pequeños
expertos en ecología
Identifiers: ISBN 9781725337367 (pbk.) | ISBN 9781725337381 (library
bound) | ISBN 9781725337374 (6pack) | ISBN 9781725337398 (ebook)
Subjects: LCSH: Recycling (Waste, etc.)--Juvenile literature. | Salvage
(Waste, etc.)--Juvenile literature. | Waste minimization--Juvenile literature.
Classification: LCC TD794.5 W397 2023 | DDC 333.7--dc23

Coordinación: Nuria Cicero
Edición: Alberto Hernández
Edición, español: Diana Osorio
Maquetación: Àngels Rambla
Adaptación de diseño: Raúl Rodriguez, R studio T, NYC
Equipo de obra: Vicente Ponce, Rosa Salvía, Paola Fornasaro
Asesoría científica: Teresa Martínez Barchino

Infografías e imágenes:
www.infographics90.com
Agencias: Getty/Thinkstock, AGE Fotostock, Cordon Press/Corbis,
Shutterstock.

Manufactured in the United States of America

CPSIA Compliance Information: Batch #CSPK23. For Further Information
contact Rosen Publishing, New York, New York at 1-800-237-9932.

Find us on

CONTENIDO

POR QUÉ GENERAR MENOS BASURA

Generamos gran cantidad de basura que aumenta cada año y provoca muchos problemas en el medio ambiente porque contamina el suelo, el agua y el aire, lo cual perjudica al planeta y a nuestra salud.

La basura se acumula

Hay materiales que tardan miles de años en degradarse, por lo que se acumulan y contaminan.

Basura acumululada

La basura no desaparece, sólo se puede tratar de forma adecuada para que no contamine.

Destruirla contamina

Muchas veces es necesario quemar la basura para destruirla y esto produce unos gases causantes del calentamiento global.

Incineradores de residuos

MENOS CONSUMO, MÁS RECURSOS

Tenemos que reducir los productos que consumimos y el uso de todo aquello de recursos naturales que pueden acabarse algún día, pronto. Es la mejor receta para generar menos basura.

Recuerda

Para fabricar productos, de cualquier tipo que sean, se necesitan materias primas, que son aquellas que se extraen de la naturaleza: agua, energía, minerales, etc. Estos recursos naturales pueden agotarse y tardan en renovarse. Por eso debemos cuidarlos ¡y no gastar de más!

Bosques

Materia prima

Agua

Energía

EL OBJETIVO

Propongámonos reducir los residuos a menos de 700 gramos por persona, por día.

¿SABÍAS QUE?

Cada tipo de material se degrada a una velocidad diferente. Algunos lo hacen rápidamente, pero en cambio hay otros que tardan miles de años.

Manzana

De 1 día a 6 meses

Toallitas de papel

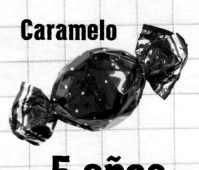

3 meses

Cerillas

6 meses

Caramelo

5 años

5 años

Chicle

De 200 a 500 años

Lata

4000 años

Bolsa de plástico

Botellas

De 200 a 1000 años

CÓMO REDUCIR LA BASURA

Al no comprar productos que vienen envueltos con plástico, estarás reduciendo el uso de productos contaminantes o que sean difícil de reciclar.

Menos envoltorios de plástico

Antes de comprar algo nuevo piensa si realmente es necesario. A veces, sin darnos cuenta, compramos cosas que en realidad no necesitamos.

Cuando vayas a comprar lleva una cesta, una bolsa de tela o un carrito, así no deberás usar bolsas de plástico.

Compre sólo lo necesario

Elije bolsas reutilizables

La clave es no generar basura innecesaria, utilizar los productos correctamente, reutilizar o intercambiar.

Piénsalo bien antes de tirar la ropa que ya no quieres. Las pueden usar tus hermanos o amigos o ¿qué tal si las donas a otras personas con menos recursos?

Reutilizar la ropa

Limita el consumo de productos de usar y tirar. Usa pañuelos de tela en lugar de los de papel.

Evitar el uso y tirar productos

¿QUÉ PUEDES HACER TÚ?

Generarás menos cantidad de basura, tanto en casa como en la escuela, si sigues los **4 CONSEJOS** que se explican a continuación:

1 Menos uso de productos químicos

Los productos de limpieza son tóxicos y contaminantes, y vienen en envases de plástico. Si reducimos su uso contaminaremos menos nuestros ríos, mares y océanos.

Consume en forma responsable

Reusar!

2 Disminuir el uso de aluminio

Fabricar aluminio requiere mucha energía y es bastante contaminante por lo que, en lo posible, hay que evitar su uso. ¿Qué tal si lo reemplazas usando contenedores de múltiples usos no desechables?

3 No desperdiciar el papel

Reutiliza las hojas para escribir recados, practicar operaciones matemáticas o mejorar tu letra. Cuida tus lápices para que te duren más.

4 Imprimir con responsabilidad

Utiliza las hojas de papel por las dos caras y no imprimas lo que puedas leer en la pantalla del ordenador.

REUTILIZAR ES MEJOR QUE TIRAR

En lugar de usar y tirar, podemos alargar la vida útil de los productos reutilizando. Lo conseguiremos cada vez que volvamos a usar un producto, sin tener que reciclarlo previamente.

Envases de vidrio retornables

El mejor ejemplo de reutilización son los envases retornables de vidrio, como los de agua, leche o cerveza. En muchos países pagas un extra por el envase, pero te lo devuelven al retornarlo.

Pilas recargables

Si reutilizas, generas menos basura y además ahorras dinero.

Las pilas son muy contaminantes. Si utilizamos las recargables le hacemos un favor al planeta.

AYUDA AL PLANETA CON IMAGINACIÓN

Elige productos con envases que se puedan reutilizar y antes de tirarlos a la basura, pregúntate si te sirven para algo. La mayoría de envases de cartón, plástico, aluminio, etc. se puede reutilizar para hacer manualidades. Puedes convertir envases de cartón en adornos o juguetes como estos de aquí abajo.
¿Te animas?

Papel de cocina

Huevera

Otro ejemplo

Con una botella de plástico, un globo y una cañita y un recipiente con agua puedes fabricar un submarino casero. Al inflar y desinflar el globo dentro de la botella, verás cómo ésta flota o se hunde.

Botella submarina

RESCATAR COSAS DE LA BASURA

Portavela

¿Sabes cuántas cosas puedes hacer con las latas? En lugar de tirarlas, puedes convertirlas en un portavelas, un florero o un teléfono de lata casero.

Florero

Puedes reutilizar las cazuelas viejas convirtiéndolas en un macetero para plantas.

Teléfono de lata

Macetero

Los rollos de cartón pueden convertirse en prácticos portalápices. Las cajas forradas o pintadas también tienen múltiples utilidades.

Portalápices

Césped

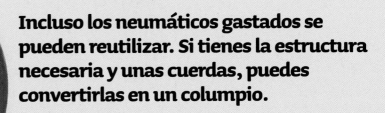

Columpio

Incluso los neumáticos gastados se pueden reutilizar. Si tienes la estructura necesaria y unas cuerdas, puedes convertirlas en un columpio.

CÓMO FABRICAR COMPOST

En lugar de lanzarlos al contenedor, podemos utilizar los residuos orgánicos para fabricar compost, un abono muy rico en nutrientes.

1 Buscar un contenedor

Puede ser una caja de madera o un macetero, por ejemplo. Es importante que esté bien ventilado.

2 Poner los residuos

Primero una base con hojas y ramitas y luego varias capas con desechos orgánicos: fruta, cáscaras de huevo, frutos secos, etc. Evitar carne y pescado.

Este tipo de tierra es ideal para cultivar toda especie de plantas. Elaborarla es tan fácil como seguir estos pasos:

3 Mantener húmedo

Periódicamente, hay que regar, agregar tierra y mezclar.

4 Resultado final: compost

Después de tres o cuatro meses, la materia orgánica se descompone hasta formar tierra rica en nutrientes.

¿CÓMO REUTILIZAR LA ROPA?

Contenedores para la ropa

La ropa y los zapatos usados no deben ir junto a la basura no orgánica. Existen contenedores especiales para depositar este tipo de desechos.

Asociaciones benéficas

También existen asociaciones que se encargan de recoger la ropa y entregarla a gente con pocos recursos que la puede aprovechar.

Cuando la ropa se te quede pequeña, si está en buenas condiciones, la pueden aprovechar tus hermanos, tus amigos o alguien que la necesite.

Tiendas de segunda mano

Otra opción para dar salida a ropa en buen estado es donarla a tiendas donde se vuelve a vender con fines solidarios.

¡NO LA TIRES!

Si la ropa está demasiado vieja como para que alguien la pueda aprovechar, puedes aprovecharlas para hacer manualidades, como objetos elaborados con tiras de tela o muñecos de trapo.

Cesta de punto nueva

Ropa vieja, trapo nuevo

Es muy común que algunos tipos de prenda, como camisetas y camisas, se reutilicen como trapos para la limpieza de la casa, el coche, etc. Recuérdalo y reutilízalas.

Muñecos de trapo

DATO PREOCUPANTE

Sólo 1 de cada 5 prendas de ropa que se fabrican acaba siendo reciclada, ya sea para crear nuevas prendas, trapos o alfombras.

Solo un 20% de la ropa es reciclada

QUÉ HACER CON LOS JUGUETES VIEJOS

Asociaciones de caridad

Puedes llevarlos a asociaciones benéficas y parroquias que se encargan de recoger juguetes usados.

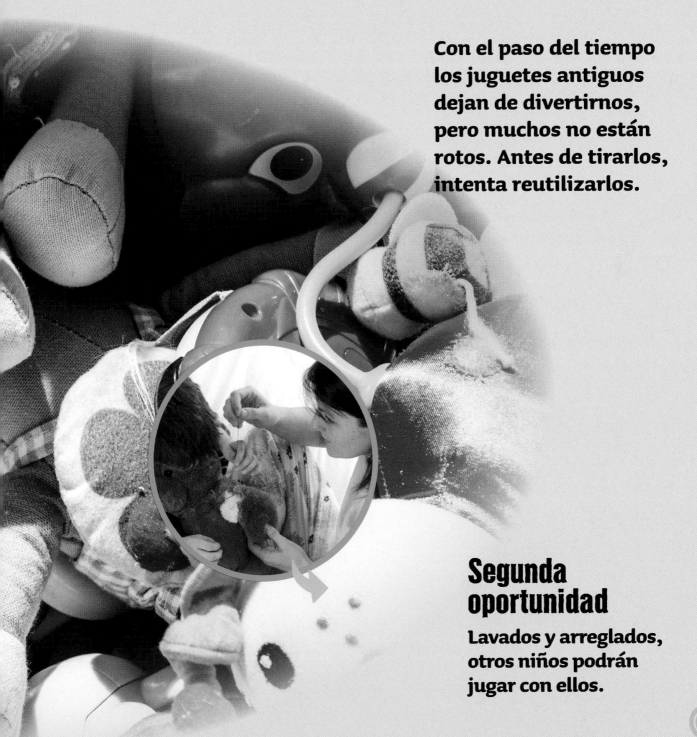

Con el paso del tiempo los juguetes antiguos dejan de divertirnos, pero muchos no están rotos. Antes de tirarlos, intenta reutilizarlos.

Segunda oportunidad

Lavados y arreglados, otros niños podrán jugar con ellos.

TAMBIÉN CON LOS LIBROS

¡Nunca tires los libros! Los puedes intercambiar con amigos o conocidos. También se pueden donar a una biblioteca o a una asociación benéfica.

Bibliotecas

Si están en buen estado, puedes donarlos para que otras personas puedan leerlos.

Mercadillos

Existen mercadillos de segunda
mano que venden artículos de todo
tipo. Los hay especializados, por
ejemplo, en libros o muebles.
Las tiendas de segunda mano
también son una buena opción.

LIMPIEZA DE LAS COSTAS

Toneladas de basura quedan abandonados cada año en las costas de todo el mundo. Estos residuos, además de ensuciar las playas llegan a los mares y océanos.

¿SABÍAS QUE?

Los residuos lanzados al mar causan cada año la muerte de miles de animales. La mayoría mueren atrapados en cuerdas, redes o plásticos.

Cada año miles de voluntarios limpian las playas, ríos y otros cauces de agua. El 90% de los residuos que se recogen están relacionados con actividades recreativas o el tabaco.

¿QUÉ TIPO DE BASURA SE ENCUENTRA?

4%

Latas de aluminio

8%

Bolsas de plástico

5%

Botellas de vidrio

En verano muchas personas visitan las zonas costeras y en especial las playas. Aquellas despreocupadas por el impacto ecológico de su paso, dejan allí envoltorios de comida, bolsas de plástico, colillas de cigarrillos y otro tipo de residuos que suele acabar en el mar cuando sube la marea.

32%
Restos de cigarrillos

35%
Embalajes de plástico para alimentación

16%
Otro residuos

¿QUÉ ES LA DESCOMPOSICIÓN?

Las sustancias naturales, como los alimentos, se descomponen más rápido que las artificiales, como el plástico. ¡Compruébalo!

NECESITARÁS:
- rebanadas de pan
- hoja de papel
- bolsa de plástico
- papel y lápiz para anotar
- palillos
- cinta adhesiva
- pala de jardín
- regadera

**PASO A PASO: las explicaciones
en la página siguiente.**

PASO UNO

Haz 3 etiquetas de papel que digan "PAN", "HOJA DE PAPEL" y "PLÁSTICO".

PASO DOS

Con el permiso de un adulto, cava en el jardín o en una jardinera 3 hoyos de unos 15 cm de profundidad.

PASO TRES

Entierra en cada uno de los hoyos el trozo de pan, la hoja de papel y la bolsa de plástico. Coloca el cartel indicador en cada hoyo.

Riega los hoyos cada tres días. Para que el experimento funcione, debes dejarlo enterrado durante un mes. Cuando haya pasado el mes, desentierra los elementos y observa qué sucedió.

Conclusión

El pan se descompuso mucho más rápido porque no contiene sustancias químicas como el papel o el plástico.